D1175544

DISCARDED:

OUTDATED, REDUNDANT
MATERIAL

Date: 1/28/19

SP J 796.334 MUR
Murray, Julie,
Fútbol /

PALM BEACH COUNTY
LIBRARY SYSTEM
3650 SUMMIT BLVD.
WEST PALM BEACH, FL 33406

Fútbol

Julie Murray

DEPORTES: GUÍA PRÁCTICA

Abdo
Kids

abdopublishing.com

Published by Abdo Kids, a division of ABDO, P.O. Box 398166, Minneapolis, Minnesota 55439.
Copyright © 2019 by Abdo Consulting Group, Inc. International copyrights reserved in all countries.
No part of this book may be reproduced in any form without written permission from the publisher.
Abdo Kids Junior™ is a trademark and logo of Abdo Kids.

Printed in the United States of America, North Mankato, Minnesota.

052018

092018

THIS BOOK CONTAINS
RECYCLED MATERIALS

Spanish Translators: Telma Frumholtz, Maria Puchol

Photo Credits: iStock, Shutterstock, United States Air Force, ©Michael Barera p.22/CC-BY-SA 4.0,
©Johan Elisson p.22/CC-BY-SA 3.0, ©Ronnie Macdonald p.22/CC-BY 2.0

Production Contributors: Teddy Borth, Jennie Forsberg, Grace Hansen

Design Contributors: Christina Doffing, Candice Keimig, Dorothy Toth

Library of Congress Control Number: 2018931620

Publisher's Cataloging-in-Publication Data

Names: Murray, Julie, author.

Title: Fútbol / by Julie Murray.

Other title: Soccer. Spanish

Description: Minneapolis, Minnesota : Abdo Kids, 2019. | Series: Deportes: guía práctica |
     Includes online resources and index.

Identifiers: ISBN 9781532180279 (lib.bdg.) | ISBN 9781532181139 (ebook)

Subjects: LCSH: Soccer--Juvenile literature. | Soccer--History--Juvenile literature. |
     Soccer for children--Juvenile literature. | Spanish language materials--Juvenile literature.

Classification: DDC 796.334--dc23

Contenido

Fútbol

¡A Sue le encanta el fútbol!

Está lista para jugar.

camiseta

balón

botines
de fútbol

espinillera

5

El fútbol se juega en un campo.

Cada equipo tiene 11 jugadores.

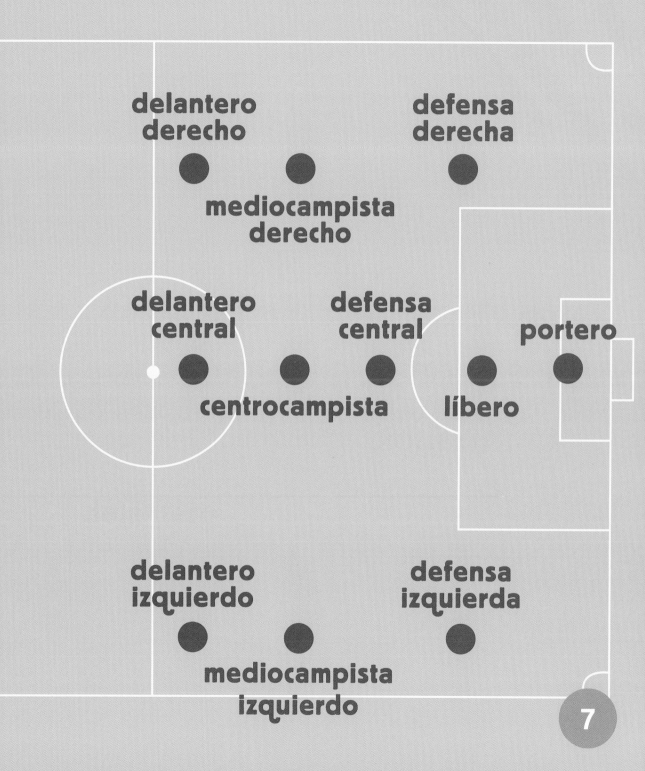

delantero derecho

defensa derecha

mediocampista derecho

delantero central

defensa central

portero

centrocampista

líbero

delantero izquierdo

defensa izquierda

mediocampista izquierdo

Un partido **profesional** tiene

dos partes. Cada una dura

45 minutos.

Los jugadores no pueden usar las manos. Sólo usan los pies.

Cada equipo intenta meter el balón en la otra portería para ganar un punto.

Joseph **dribla** el balón.

Luego, lo pasa.

Alex está cerca de la portería y dispara.

Evan es el portero. Él para el balón. Los porteros pueden usar las manos.

Ike hace una **escapada**. Dispara el balón a la portería. ¡Gol!

Algunas maneras de recomenzar el juego en fútbol

penalti

saque de esquina

saque de meta

tiro libre

Glosario

driblar
mover el balón con toques cortos repetidos.

escapada
jugada ofensiva en la que el jugador con el balón se adelanta hacia la portería sin defensas.

profesional
cuando un deporte se juega profesionalmente, los jugadores reciben dinero por su trabajo.

Índice

Abdo Kids
ONLINE
FREE! ONLINE MULTIMEDIA RESOURCES

¡Visita nuestra página **abdokids.com** y usa este código para tener acceso a juegos, manualidades, videos y mucho más!

Código Abdo Kids:
SSK4169